큰그림 편집부 지음
유선영 그림

들어가는 글

좋아하는 것을 보고 그냥 지나치지 못할 때 우스갯소리로 '참새가 방앗간을 그저 지나랴'라는 속담을 씁니다. 어른들도 어린이들도 편의점을 그냥 지나치지 않고 자주 들리곤 하지요.

꼭 필요한 물건이 없어도 2+1 행사가 있나 보기도 하고, 더운 여름날 잠시 시원함을 느끼고 싶을 때 편의점 문을 열고 들어가 물건을 살펴보고 빈손으로 그냥 나와도 괜찮은 동네 가게입니다. 편의점 직원과는 친한 이웃이 되기도 하지요.

이렇게 맛있는 음식과 생필품이 가득한 편의점에서 하루에 하나씩 즐겁게 배우고 익힐 수 있는 속담 이야기를 만화로 담았습니다.

'속편한 편의점의 속담 이야기' 그 시작은 …

　지구에서 500광년 떨어진 호이호이별에서는 새로운 지식을 찾아 알려 주는 방송이 있습니다. 그런데 지구별의 대한민국에서 오래 전부터 내려오는 속담이 굉장히 유용한 고급 지식임을 깨닫고 취재 기자 뚜요요와 또또유를 지구에 파견합니다.

　지구에 도착한 취재 기자 뚜요요와 또또유는 속편한 편의점에서 아르바이트를 하고 있는 하늘이를 운명처럼 만나 속담 취재를 무난히 시작하게 됩니다.

　속편한 편의점 바로 앞 초등학교에 다니는 초등학생 별, 철형, 성훈, 선영, 설이의 다채로운 생활 이야기가 전개됩니다.

　이제부터 속편한 편의점에서 일어나는 생활 속에서 재미있는 속담을 같이 취재해 볼까요?

큰그림 편집부

목차

들어가는 글 … 2

등장인물 소개 … 7

01 가는 날이 장날이다 … 12

02 가랑잎이 솔잎더러 바스락거린다고 한다 … 14

03 가지 많은 나무에 바람 잘 날이 없다 … 16

04 같은 값이면 다홍치마 … 18

05 개같이 벌어서 정승같이 쓴다 … 20

06 계란으로 바위 치기 … 22

07 구슬이 서 말이라도 꿰어야 보배 … 24

08 굿이나 보고 떡이나 먹지 … 26

09 꿩 대신 닭 … 28

10 낫 놓고 기역 자도 모른다 … 30

 쉬어가는 속담 테스트 … 32

11 내 코가 석 자 … 34

12 누워서 떡 먹기 … 36

13 눈 가리고 아웅 한다 … 38

14 달면 삼키고 쓰면 뱉는다 … 40

15 닭 쫓던 개 지붕 쳐다본다 … 42

16 돌다리도 두들겨 보고 건너라 … 44

17 마른하늘에 날벼락 … 46

18 말 한마디로 천 냥 빚을 갚는다 … 48

19 먼 사촌보다 가까운 이웃이 낫다 … 50

20 발 없는 말이 천 리 간다 … 52

쉬어가는 속담 테스트 … 54

21 배보다 배꼽이 더 크다 … 56

22 벼 이삭은 익을수록 고개를 숙인다 … 58

23 변덕이 죽 끓듯 하다 … 60

24 사공이 많으면 배가 산으로 간다 … 62

25 산 넘어 산이다 … 64

26 서울 가서 김 서방 찾는다 … 66

27 설마가 사람 잡는다 … 68

28 수박 겉 핥기 … 70

- **29** 십 년이면 강산도 변한다 … 72
- **30** 아닌 밤중에 홍두깨 … 74

 … 76

- **31** 엎어지면 코 닿을 데 … 78
- **32** 오르지 못할 나무는 쳐다보지도 마라 … 80
- **33** 재주는 곰이 넘고 돈은 주인이 받는다 … 82
- **34** 젊어서 고생은 사서도 한다 … 84
- **35** 참새가 방앗간을 그저 지나랴 … 86
- **36** 천 리 길도 한 걸음부터 … 88
- **37** 콩 심은 데 콩 나고 팥 심은 데 팥 난다 … 90
- **38** 핑계 없는 무덤이 없다 … 92
- **39** 하룻강아지 범 무서운 줄 모른다 … 94
- **40** 호미로 막을 것을 가래로 막는다 … 96

 … 98

 … 100

등장인물 소개

이름: 하늘
직업: 대학생(휴학 중)
편의점 아르바이트

외계인 1: 뚜요요
외계인 2: 또또유
직업: 호이호이별의 속담
취재 기자

별(초등학생)

선영(초등학생)

설(초등학생)

철형(초등학생)

성훈(초등학생)

설이 엄마

냥(길고양이)

속편한 편의점의 속담 이야기 **1권**은
호이호이별에서 속담을 취재하러 온 뚜요요와 또또유가
속편한 편의점에서 일하는 하늘이를 만나면서 시작합니다.

속편한 편의점의 속담 이야기 **2권** 그 시작은 …

01 가는 날이 장날이다

때마침 일이 꼬여서 잘못됐을 때 해당하는 속담입니다. 어떤 일을 하려는데 **뜻하지 않은 일을 공교롭게 당하면 가는 날이 장날이다**라고 말합니다.

소리 내어 읽고, 또박또박 따라 써 보세요.

가는 날이 장날이다

가는 날이 장날이다

02 가랑잎이 솔잎더러 바스락거린다고 한다

크게 바스락 소리를 내는 가랑잎이 작은 소리를 내는 솔잎에게 바스락거린다고 꼬집어 말한다는 속담입니다. **자기의 결점이 더 큰 건 모른 채 상대의 작은 허물만 탓한다는 뜻**입니다.

소리 내어 읽고, 또박또박 따라 써 보세요.

가랑잎이 솔잎더러 바스락거린다고 한다
가랑잎이 솔잎더러 바스락거린다고 한다

03 가지 많은 나무에 바람 잘 날이 없다

나무에 가지가 많으면 바람에 잘 흔들려 잠시도 가만히 있지 않아요. 자식을 많이 둔 부모는 **자식을 위하는 걱정이 그치질 않는다는 말**을 이르는 속담입니다.

가지 많은 나무에 바람 잘 날이 없다

가지 많은 나무에 바람 잘 날이 없다

04 같은 값이면 다홍치마

여러 가지 중에서 보기 좋고, **모양 좋은 것을 선택할 때** 우리는 **같은 값이면 다홍치마**라고 말합니다. 이왕 같은 값이면 나에게 득이 되는 것을 선택한다는 속담입니다.

붉은색 다홍치마는 조선 시대에는 왕족들만 입었고, 왕족이 아닌 여인들은 일생에 딱 한 번 결혼식날에 입었대요. 특별한 날만 입는 **다홍치마는 무척 귀해서 같은 값이면 다홍치마를 사겠다는 말**이 생겼습니다.

 소리 내어 읽고, 또박또박 따라 써 보세요.

같은 값이면 다홍치마

같은 값이면 다홍치마

05 개같이 벌어서 정승같이 쓴다

직업에는 귀하고 천함이 없습니다. 이 속담의 **개같이 번다**는 돈을 벌 때는 **어떤 일이든 열심히 일해서 돈을 벌고**, **정승같이 쓴다**는 돈을 쓸 때는 **보람 있게 쓰라**는 말입니다. 그래서 직업의 겉모습보다 그 일을 하는 사람의 일하는 태도와 마음가짐이 중요하다는 이야기입니다.

개같이 번다는 귀한 일과 천한 일을 가리지 않고 열심히 돈을 번다는 의미이고, 정승이란 옛날 높은 벼슬아치를 뜻해요. 그래서 궂은 일, 좋은 일을 가리지 않고 돈을 벌고, 쓸 때는 보람 있게 쓰자는 뜻을 담고 있어요.

소리 내어 읽고, 또박또박 따라 써 보세요.

개같이 벌어서 정승같이 쓴다

개같이 벌어서 정승같이 쓴다

06 계란으로 바위 치기

계란으로 바위를 치면 바위는 아무렇지 않은 채 온전하고 계란만 산산조각 납니다. 아주 약한 것으로 강한 것에 대항하려는 때, **아무리 해도 도저히 이길 수 없을 때**에 쓰는 속담입니다.

"어제 우리 아빠가 R게임 보석 아이템 구해 줬어."

"철형이 너쯤은 이제 가볍게 이길 수 있지! 하하하"

"웃기시네. 난 e스포츠에 출전해 금메달 딸 사람이야."

"그럼 성훈이 너 철형이 이겨 봐~"

"그래. 좋아!"

계란으로 바위 치기라 뻔하지만 그래도 도전은 받아 주는 게 예의지!

소리 내어 읽고, 또박또박 따라 써 보세요.

계란으로 바위 치기

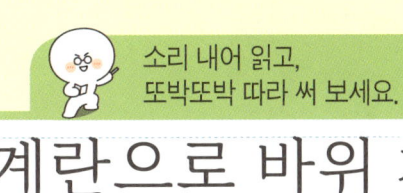

07 구슬이 서 말이라도 꿰어야 보배

훌륭하고 좋은 것도 **잘 다듬어 쓸모 있게 만들어야 값어치가 있다**는 말입니다. 특별하고 좋은 것이 있어도 필요할 때 사용하지 않으면 소용이 없고, 값진 재능을 가졌어도 그대로 재능을 썩혀 두면 소용이 없게 됩니다. 실천으로 옮겨서 결과가 나타날 때 더욱 빛이 난답니다.

소리 내어 읽고, 또박또박 따라 써 보세요.

구슬이 서 말이라도 꿰어야 보배

08 굿이나 보고 떡이나 먹지

남이야 어떤 일을 하든 그냥 지켜보다가 **자기한테 돌아올 이익이나 챙기면 그만**이라는 속담입니다.

쓸데없이 남의 일에 간섭하지 말고 자기 이익이나 얻도록 하라는 속담이다.

피자는 고르곤졸라지!

피자는 슈퍼슈프림이지! 슈퍼로 하자.

안 돼! 난 고르곤졸라 아니면 안 먹어!

야! 넌 왜 이렇게 이기적이냐!

소리 내어 읽고, 또박또박 따라 써 보세요.

굿이나 보고 떡이나 먹지

굿이나 보고 떡이나 먹지

꿩 대신 닭

꿩이 필요한데 꿩이 없어서 닭으로 대신한다는 말로, 쉽게 말하면 주인공인 '꿩'이 없어 **조연**인 '닭'으로 **대신한다**는 말입니다. '닭'으로서는 '꿩'보다 특별한 장점이 없으니 어쩔 수 없지요.

소리 내어 읽고, 또박또박 따라 써 보세요.

꿩 대신 닭

꿩 대신 닭

10 낫 놓고 기역 자도 모른다

글자를 하나도 모를 정도로 아주 **무식하다는 뜻**의 **낫 놓고 기역 자도 모른다**는 낫의 모양이 'ㄱ'자를 닮은 데서 나온 말입니다. 사람이 아주 무식할 때, 글자를 모를 때 쓰는 속담입니다.

소리 내어 읽고, 또박또박 따라 써 보세요.

낫 놓고 기역 자도 모른다

낫 놓고 기역 자도 모른다

쉬어가는 속담 테스트

1 네모 칸에 들어갈 단어의 초성 힌트가 있습니다. 속담을 완성해 보세요.

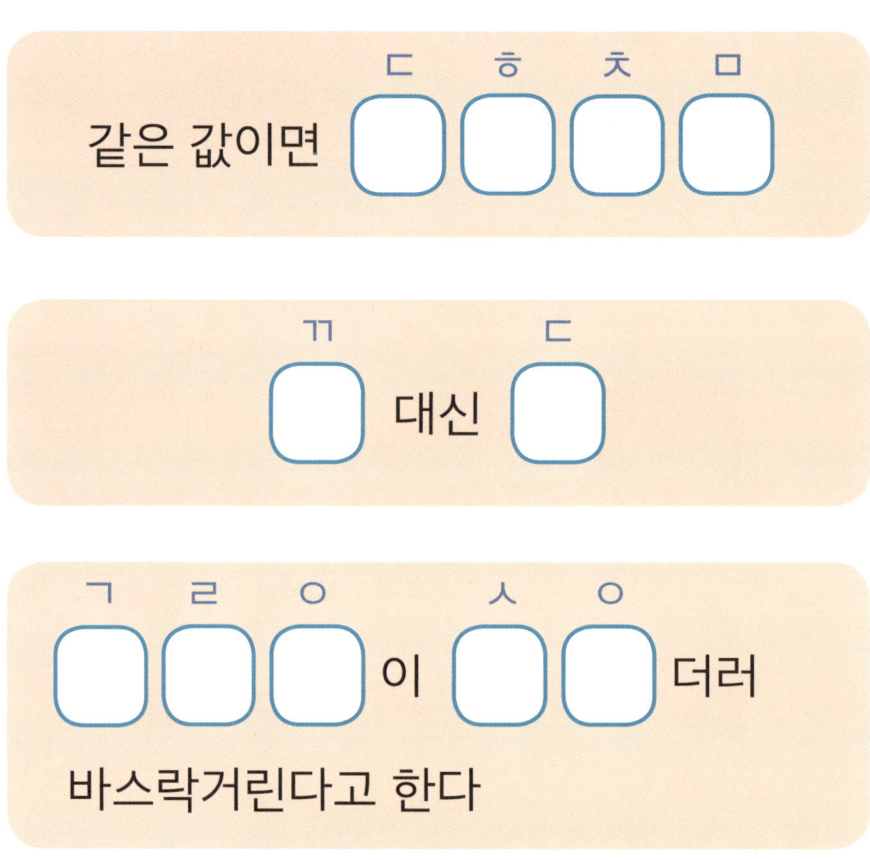

정답은 **100**쪽에 있습니다.

2 속담과 알맞은 뜻풀이를 연결하세요.

속담	뜻풀이
개같이 벌어서 정승같이 쓴다	아주 무식하다는 뜻
가는 날이 장날이다	자식을 많이 둔 부모는 자식을 위하는 걱정이 그치질 않는다는 말
낫 놓고 기역 자도 모른다	어떤 일이든 열심히 일해서 돈을 벌고, 돈을 쓸 때는 보람 있게 쓰라는 말
계란으로 바위 치기	어떤 일을 하려는데 뜻하지 않은 일을 공교롭게 당할 때
가지 많은 나무에 바람 잘 날이 없다	아무리 해도 도저히 이길 수 없을 때
구슬이 서 말이라도 꿰어야 보배	훌륭하고 좋은 것도 잘 다듬어 쓸모 있게 만들어야 값어치가 있다는 말

11 내 코가 석 자

내 콧물이 석 자나 길게 나온 것을 닦지도 못하고 있는 처지에 다른 누구를 걱정하겠습니까? 이 속담은 '내 콧물이 석자'라는 말에서 유래됐대요. **내 사정이 급해서 다른 사람에게 신경을 쓸 수 없을 때** 쓰는 속담입니다.

> 소리 내어 읽고, 또박또박 따라 써 보세요.

내 코가 석 자

내 코가 석 자

12 누워서 떡 먹기

매우 간단하고 쉬운 일을 비유하는 말입니다.

 소리 내어 읽고, 또박또박 따라 써 보세요.

누워서 떡 먹기 누워서 떡 먹기

누워서 떡 먹기 누워서 떡 먹기

13 눈 가리고 아웅 한다

알면서도 모르는 척할 때, **얕은수를 써서 남을 속이려 할 때** 쓰는 속담으로 어설픈 행동으로 상대편을 속이려 할 때 **눈 가리고 아웅 한다**는 말을 합니다.

지구별 한국의 애완동물 고양이는 앞발로 자신의 눈을 가리고 잠이 든다. 이렇게 자신의 발로 눈을 가리면 적들의 눈에 안 띌 거라 믿어서 안정감을 느끼고 그제야 깊게 잠이 든다고 한다. 참으로 귀여운 동물이다.

이상하다! 엄마가 분명 김 한 톳을 주셨는데 너무 많이 줄었네. 다 어디 갔지?

너희들 혹시 김 먹었니?

소리 내어 읽고, 또박또박 따라 써 보세요.

눈 가리고 아웅 한다

눈 가리고 아웅 한다

14 달면 삼키고 쓰면 뱉는다

옳고 그름에 관계없이 **자기의 이익만을 꾀할 때** 쓰는 속담으로 실컷 부려 먹다가 일이 마무리되면 헌신짝처럼 버리는 이기적인 사람을 일컫습니다.

소리 내어 읽고, 또박또박 따라 써 보세요.

달면 삼키고 쓰면 뱉는다

달면 삼키고 쓰면 뱉는다

닭 쫓던 개 지붕 쳐다본다

정성을 다해 이루려 하던 일이 실패로 돌아가 버리거나 남보다 뒤떨어져 **어찌할 도리가 없다**는 뜻입니다.

닭 쫓던 개 지붕 쳐다본다는 공 들여 한 일이 실패로 돌아가거나 다른 사람보다 뒤떨어져 어찌할 도리가 없다는 뜻을 갖고 있다.

호이호이별에서 메일이 왔네.

뚜요요 씨, 또또유 씨 반가워요.
일주일 안에 아름다운 한글에 대한
내용으로 특별상에 도전해 보세요.
1등 하면 다음 달에 포상 휴가가 있습니다.
그럼 오늘도 수고!

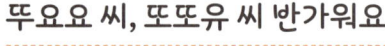

소리 내어 읽고, 또박또박 따라 써 보세요.

닭 쫓던 개 지붕 쳐다본다

16 돌다리도 두들겨 보고 건너라

쉬운 일도 방심해서 일을 그르칠 때가 종종 있으니, 아무리 쉬운 일이라도 꼼꼼하게 확인해 **실수가 없도록 하라는 뜻**입니다. 튼튼한 돌다리도 두들겨 확인해 보고 건넌다면 더욱 안전하겠지요?

소리 내어 읽고, 또박또박 따라 써 보세요.

돌다리도 두들겨 보고 건너라

돌다리도 두들겨 보고 건너라

17 마른하늘에 날벼락

맑은 하늘에서 갑자기 벼락이 친다는 말로, **생각지도 못한 상황에서 불행한 일을 당한다**는 뜻을 가진 속담입니다.

> 오늘은 **마른하늘에 날벼락**과 관련한 실화를 이야기해 줄 거예요.
>
> 때는 1973년 경주 천마총 발굴단의 **발굴일지**에 있는 이야기입니다.

날씨는 비 온 뒤 맑음.
청명하던 하늘이 금관을 들어 올리는 순간 갑자기 캄캄해지더니 **뇌성벽력**이 치고 폭우가 퍼붓기 시작했다.
조사원과 인부들은 혼비백산하여 그 자리를 피해 '걸음아 나 살려라' 하고 뛰어갔고 우리 단원들은 갑자기 변한 천기에 무섭고 놀라서 경건한 마음을 갖고 금관을 수습하였다. 그 후 근처 마을에서는 '왕릉을 파서 지하의 신라 임금들이 노하셨다'고 흉흉한 소문이 돌았다.

 소리 내어 읽고, 또박또박 따라 써 보세요.

마른하늘에 날벼락

마른하늘에 날벼락

말 한마디로 천 냥 빚을 갚는다

이 속담은 **말 한마디에 불가능한 일도 해결할 수 있다**는 뜻을 담고 있어요. 그럴듯한 말 한마디로 천 냥(매우 많은 돈)이라는 큰 빚을 대신 갚을 수 있을 만큼 말 한마디가 중요하다는 것을 일깨워 줍니다.

 소리 내어 읽고, 또박또박 따라 써 보세요.

말 한마디로 천 냥 빚을 갚는다

말 한마디로 천 냥 빚을 갚는다

19 먼 사촌보다 가까운 이웃이 낫다

이웃끼리 가깝게 지내다 보면 멀리 있는 친척보다 **서로 도우며 친하게 지내게 된다**는 말입니다. 특히 어려운 일을 당했을 때, 가장 빨리 도움을 줄 수 있는 사람들이 바로 이웃이기에 가까운 사람들이란 뜻으로 **이웃사촌**이라는 말도 있습니다.

소리 내어 읽고, 또박또박 따라 써 보세요.

먼 사촌보다 가까운 이웃이 낫다

먼 사촌보다 가까운 이웃이 낫다

20 발 없는 말이 천 리 간다

내 생각이나 느낌을 전달하는 **말**[言]은 입에서 한번 내뱉으면 달리는 말[馬]보다 빨리 퍼지게 됩니다. 그래서 **말은 신중하고 조심하는 것이 좋다는 뜻**을 갖고 있는 속담입니다.

소리 내어 읽고, 또박또박 따라 써 보세요.

발 없는 말이 천 리 간다

발 없는 말이 천 리 간다

쉬어가는 속담 테스트

1 네모 칸에 들어갈 단어의 초성 힌트가 있습니다. 속담을 완성해 보세요.

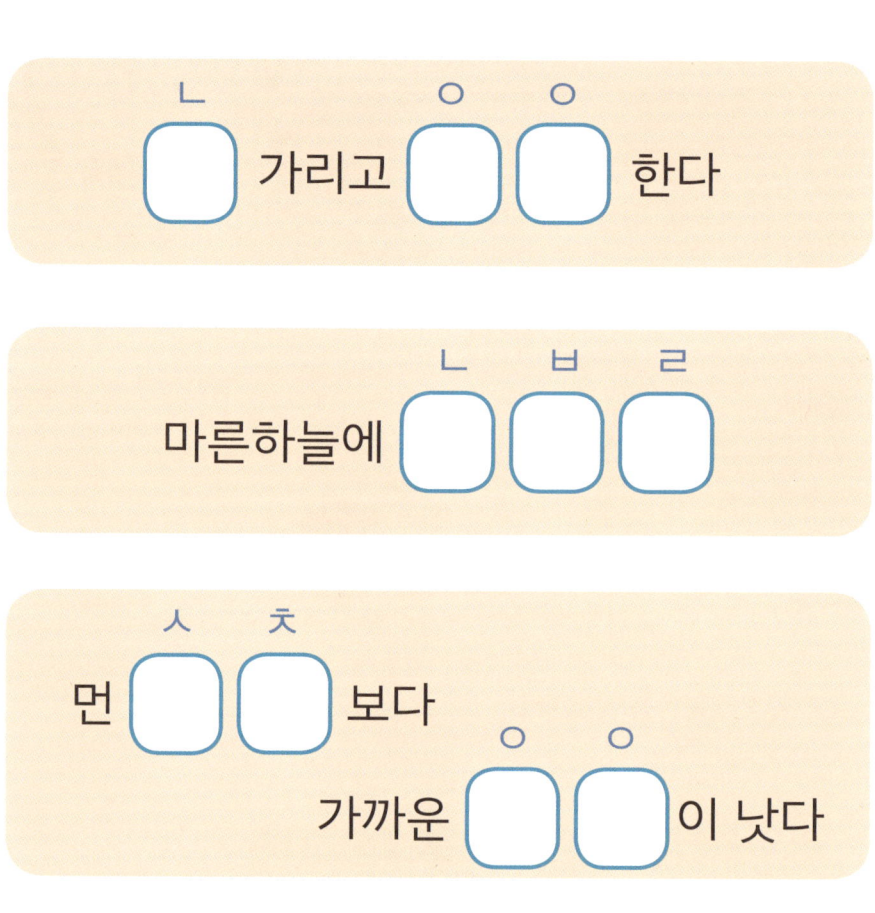

정답은 **100**쪽에 있습니다.

2 속담과 알맞은 뜻풀이를 연결하세요.

속담	뜻풀이
돌다리도 두들겨 보고 건너라	말은 신중하고 조심하는 것이 좋다.
달면 삼키고 쓰면 뱉는다	옳고 그름에 관계없이 자기의 이익만을 꾀할 때
누워서 떡 먹기	말 한마디에 불가능한 일도 해결할 수 있다.
발 없는 말이 천 리 간다	내 사정이 급해서 다른 사람에게 신경을 쓸 수 없을 때
말 한마디로 천 냥 빚을 갚는다	매우 간단하고 쉬운 일
내 코가 석 자	아무리 쉬운 일이라도 꼼꼼하게 확인해 실수가 없도록 해라.

21 배보다 배꼽이 더 크다

기본이 되는 것보다 덧붙이는 것이 더 클 때 **배보다 배꼽이 크다**고 말합니다. 주된 것보다 그에 딸린 것이 더 많을 때 쓰는 **고추장이 밥보다 많다**가 비슷한 말이에요.

소리 내어 읽고, 또박또박 따라 써 보세요.

배보다 배꼽이 더 크다

배보다 배꼽이 더 크다

벼 이삭은 익을수록 고개를 숙인다

생각이 깊은 사람은 인격이나 지식의 정도가 높아질수록 자기를 내세우지 않고 **겸손**해진다는 뜻입니다.

소리 내어 읽고, 또박또박 따라 써 보세요.

벼 이삭은 익을수록 고개를 숙인다

벼 이삭은 익을수록 고개를 숙인다

23 변덕이 죽 끓듯 하다

성격이 이랬다저랬다 하고, 종잡기 어렵게 변하는 성질을 가리킵니다. 그래서 변덕스럽다는 말은 별로 좋지 않다는 뜻으로 쓰이고, 말이나 행동을 몹시 **이랬다저랬다** 할 때는 **변덕이 죽 끓듯 하다**라는 말을 씁니다.

속담 제목 : **변덕이 죽 끓듯 하다**
뜻 : 말이나 행동을 몹시 이랬다저랬다 하다.

또또유! 오늘은 변화무쌍한 레시피를 소개하고 싶은데 어떤 게 좋을까?

변화무쌍? 그럼 그저께 하늘이가 해 준 수박 화채!

그냥 수박 맛일 줄 알았는데 완전 큰 이벤트였잖아!

오늘도 속편한 편의점의 맛있는 레시피입니다.
변덕스러운 수박 화채 만들기
준비물 : 수박, 사이다, 발포 비타민

양푼에 자른 수박과 얼음을 넣어요.

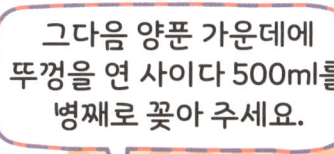

소리 내어 읽고, 또박또박 따라 써 보세요.

변덕이 죽 끓듯 하다

변덕이 죽 끓듯 하다

24 사공이 많으면 배가 산으로 간다

여러 명이 저마다 자기 주장대로 배를 몰려고 하면 결국 배는 바다로 못 가고 산으로 올라간다는 말로, 간섭하고 지시하는 **사람들이 많으면 일이 제대로 마무리되기 어렵다**는 말입니다.

 소리 내어 읽고, 또박또박 따라 써 보세요.

사공이 많으면 배가 산으로 간다

사공이 많으면 배가 산으로 간다

 # 산 넘어 산이다

어렵게 산을 넘었는데 또 앞에 산이 있다는 말로 **갈수록 더 어렵고 곤란한 일이 생긴다는 말**입니다. 비슷한 속담으로는 **갈수록 태산이다**가 있어요.

26 서울 가서 김 서방 찾는다

복잡하고 넓은 서울에 가서 덮어놓고 김 서방을 찾는다는 말이에요. 주소도 이름도 모른 채 **무턱대고 막연하게 사람을 찾아다닌다**는 뜻입니다.

소리 내어 읽고, 또박또박 따라 써 보세요.

서울 가서 김 서방 찾는다

서울 가서 김 서방 찾는다

27 설마가 사람 잡는다

그럴 리 없을 것이라 생각하고 마음을 놓고 있다가 탈이 난다는 뜻으로 **뜻밖의 행운을 바라지 말고** 생길 수 있는 모든 것들을 **미리 예방해 놓아야 한다**는 속담입니다.

얘들아~
오늘 나 휴무인데 너희들 광화문 구경 시켜 줄까?

신난다!

이것은 이순신 장군 동상이야!

이순신 장군은 거북선을 제작했고, 임진왜란이 일어나자 한산도 앞바다에서 왜군과 싸워 크게 이겼어. 노량해전에서는 승리와 함께 전사하셨지.

임진왜란? 그 전쟁은 왜 일어난 건데?

조선의 제14대 왕 선조는 전쟁에 대비하지 않았어. 1592년 음력 4월 13일, 도요토미히데요시는 부산포 앞바다에 많은 배와 일본대군을 이끌고 쳐들어왔지. 이것이 임진왜란의 시작이야! 선조는 수도 한양을 버리고 피난길에 올랐고, 전쟁이 시작된 지 20일이 되지 않아 한양이 함락되어 버렸어.

소리 내어 읽고, 또박또박 따라 써 보세요.

설마가 사람 잡는다
설마가 사람 잡는다

28 수박 겉 핥기

달콤한 수박 속을 먹지 못하고 딱딱한 겉만 핥고 있다는 뜻으로 사물이나 사건의 **진짜 속 내용은 모르고 겉만 건드리는 일**을 비유적으로 말합니다.

 소리 내어 읽고, 또박또박 따라 써 보세요.

수박 겉 핥기

수박 겉 핥기

29 십 년이면 강산도 변한다

세월이 흘러가면 **모든 것이 다 변하게 된다**는 속담입니다.

 소리 내어 읽고, 또박또박 따라 써 보세요.

십 년이면 강산도 변한다

아닌 밤중에 홍두깨

'아닌 밤중에'는 '뜻하지 않은 밤중에'란 말로, 이 속담은 **예상하지 못한 때 뜻밖의 일**이나 말을 갑자기 불쑥 내미는 행동을 비유적으로 나타내는 말입니다.

소리 내어 읽고, 또박또박 따라 써 보세요.

아닌 밤중에 홍두깨

아닌 밤중에 홍두깨

쉬어가는 속담 테스트

1 네모 칸에 들어갈 단어의 초성 힌트가 있습니다. 속담을 완성해 보세요.

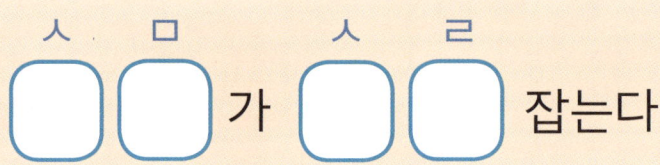
ㅅ ㅁ   ㅅ ㄹ
□□ 가 □□ 잡는다

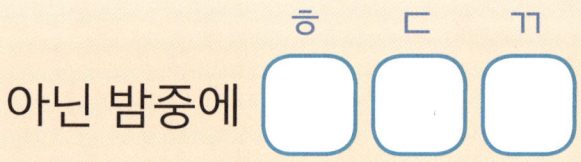
                ㅎ ㄷ ㄲ
아닌 밤중에 □□□

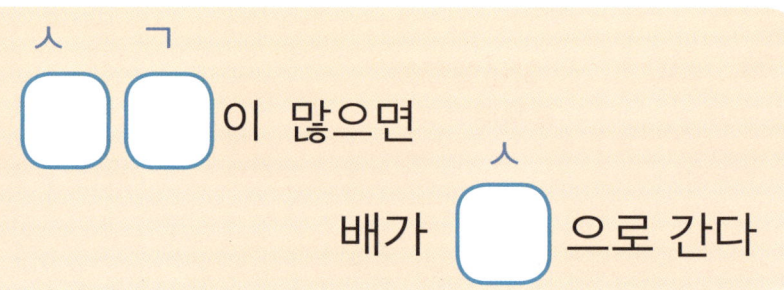
ㅅ ㄱ
□□ 이 많으면
              ㅅ
배가 □ 으로 간다

ㅂ   ㅂ ㄲ
□ 보다 □□ 이 더 크다

정답은 101쪽에 있습니다.

2 속담과 알맞은 뜻풀이를 연결하세요.

| 서울 가서 김 서방 찾는다 | ○ | ○ | 갈수록 더 어렵고 곤란한 일이 생긴다는 말 |

| 수박 겉 핥기 | ○ | ○ | 인격이나 지식의 정도가 높아질수록 자기를 내세우지 않고 겸손해진다. |

| 산 넘어 산이다 | ○ | ○ | 세월이 흘러가면 모든 것이 다 변하게 된다. |

| 변덕이 죽 끓듯 하다 | ○ | ○ | 사물이나 사건의 진짜 속 내용은 모르고 겉만 건드리는 일 |

| 십 년이면 강산도 변한다 | ○ | ○ | 주소도 이름도 모른 채 무턱대고 막연하게 사람을 찾아다닌다는 뜻 |

| 벼 이삭은 익을수록 고개를 숙인다 | ○ | ○ | 말이나 행동을 몹시 이랬다 저랬다 할 때 |

엎어지면 코 닿을 데

아주 가까운 거리를 비유적으로 이르는 말입니다.

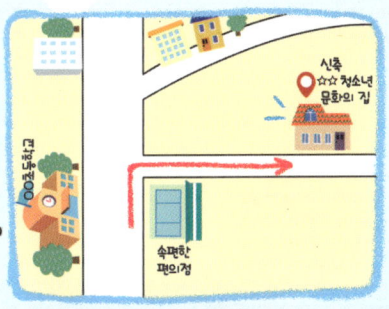

소리 내어 읽고, 또박또박 따라 써 보세요.

엎어지면 코 닿을 데

32 오르지 못할 나무는 쳐다보지도 마라

여기서 '나무'는 어떤 일이나 목표를 뜻합니다. **쳐다보지도 말라**는 것은 그냥 포기하면 편하다는 맥락과 같습니다. **오르지 못할 나무**는 실현할 수 없는 목표나 이룰 수 없는 업적을 뜻하므로, 어차피 **실현 불가능한 것은 포기하는 게 편하다**는 의미를 갖고 있는 속담입니다.

엄마께 저도 오디션 보러 가도 되냐고 여쭤 보니까…

설이 안 좋은 일 있니? 안색이 안 좋다.

오르지 못할 나무는 쳐다보지도 마라!

어머님이 걱정이 되셔서 그리 말씀하셨을 거야. 요즘 세상에 오르지 못할 나무는 없단다.

라고 꿈도 꾸지 말래요.

"오르지 못할 것 같던 △△도 계속 쳐다보고 연구하고 노력하면 성공할 수밖에 없다."

수업 들어가기 전에 **오르지 못할 나무는 쳐다보지도 말라**는 속담이 있지? 그러나 '오르지 못할 것 같던 △△도 계속 쳐다보고 연구하고 노력하면 성공할 수밖에 없다'는 얘기를 들려줄게.

30여년 전 우리나라 첫 인공위성 우리별 1호는 프랑스에서 발사됐어요. 이후 2009년 전남 고흥에 나로 우주센터가 준공되며 우리나라는 세계 13번째 우주센터 보유국이 되었고, 2013년 나로호가 우주 궤도 안착에 성공하게 되지요. 이때까지만 해도 주요기술은 러시아에 의존할 수밖에 없었어요.

하지만 우리나라 과학자들의 피나는 노력 끝에 순수 우리나라의 기술로 만든 첫 우주발사체 누리호가 2023년 3차 발사에 성공하게 됩니다. 미국과 러시아에 이어서 7대 우주강국이 되었어요.

이렇듯 꾸준히 노력하면 '오르지 못할 나무'는 없습니다!

소리 내어 읽고, 또박또박 따라 써 보세요.

오르지 못할 나무는 쳐다보지도 마라

오르지 못할 나무는 쳐다보지도 마라

33 재주는 곰이 넘고 돈은 주인이 받는다

일을 한 사람은 따로 있고, 그 일에 대한 **보수는 엉뚱한 다른 사람이 받는다**는 속담입니다.

소리 내어 읽고, 또박또박 따라 써 보세요.

재주는 곰이 넘고 돈은 주인이 받는다

34 젊어서 고생은 사서도 한다

젊은 시절에는 누구나 힘든 경험이 있기 마련입니다. 실패하더라도 좌절하지 말라는 뜻으로 **장래 발전을 위해 경험을 많이 쌓는 것이 중요하다**는 의미입니다.

> 소리 내어 읽고, 또박또박 따라 써 보세요.

젊어서 고생은 사서도 한다

젊어서 고생은 사서도 한다

참새가 방앗간을 그저 지나랴

자기가 좋아하는 곳을 그냥 지나치지 못한다는 속담으로 욕심 많은 사람이 눈앞의 이익을 보고 가만있지 못한다는 뜻도 있습니다.

 소리 내어 읽고, 또박또박 따라 써 보세요.

참새가 방앗간을 그저 지나랴

참새가 방앗간을 그저 지나랴

36 천 리 길도 한 걸음부터

아주 먼 천 리 길을 가더라도 시작은 첫 걸음부터 시작된다는 말로, **어떤 일이든 그 일의 시작이 중요하다**는 뜻을 갖고 있습니다.

간단히 영상 편집하는 법 알려 주세요.

이번에는 제대로 만들겠구나. 제일 먼저 앱을 내려받아야 해!

보기 좋게 필요 없는 여백은 잘라 주고, 음악 소리도 다시 넣고….

우와~ 편집하니까 완전 달라 보여요~

천 리 길도 한 걸음부터라고 뭐든 배움은 시작이 중요한 거야.

천 리 길도~~

소리 내어 읽고, 또박또박 따라 써 보세요.

천 리 길도 한 걸음부터

콩 심은 데 콩 나고 팥 심은 데 팥 난다

모든 일은 **근본에 따라 그것에 걸맞은 결과가 있다**는 뜻입니다.

 소리 내어 읽고, 또박또박 따라 써 보세요.

콩 심은 데 콩 나고 팥 심은 데 팥 난다

38 핑계 없는 무덤이 없다

어떤 일을 잘못한 후 여러 가지 이유를 들어 **변명하고 이유를 붙인다**는 말로, 어떤 잘못이든 원인이 있다고 말한다는 뜻입니다.

소리 내어 읽고, 또박또박 따라 써 보세요.

핑계 없는 무덤이 없다

핑계 없는 무덤이 없다

39 하룻강아지 범 무서운 줄 모른다

호랑이를 한 번도 본 적 없는 강아지가 호랑이가 얼마나 무서운 존재인 줄도 모른 채 마구 짖어댄다는 말로, **경험이 적고 일에 서투른 사람**을 뜻합니다.

소리 내어 읽고, 또박또박 따라 써 보세요.

하룻강아지 범 무서운 줄 모른다

40 호미로 막을 것을 가래로 막는다

적은 힘으로도 충분했는데, 시기를 놓치거나 미리 준비하지 않아 **쓸데없이 많은 힘을 들인다**는 뜻입니다.

"이제 온 동네 개들이 아는 것은 시간문제야. 그 녀석이 떠들고 다닐 거야. 속편한 편의점에 외계인 있다고…."

"하늘아~ 이제 우리는 호이호이별로 출발하는 게 맞을 것 같아."

"**호미로 막을 것을 가래로 막을 수는 없어**! 일이 커지기 전에 안전하게 떠나는 게 좋겠어."

"하늘아~ 이렇게 떠나는 게 너무 슬프다."

소리 내어 읽고, 또박또박 따라 써 보세요.

호미로 막을 것을 가래로 막는다

호미로 막을 것을 가래로 막는다

쉬어가는 속담 테스트

1 네모 칸에 들어갈 단어의 초성 힌트가 있습니다. 속담을 완성해 보세요.

ㅊ ㄹ ㄱ
□□□도 한 걸음부터

ㅂ ㅇ ㄱ
참새가 □□□을 그저 지나랴

ㄱ
재주는 □이 넘고

ㅈ ㅇ
돈은 □□이 받는다

ㅁ ㄷ
핑계 없는 □□이 없다

정답은 **101**쪽에 있습니다.

2 속담과 알맞은 뜻풀이를 연결하세요.

속담	뜻풀이
젊어서 고생은 사서도 한다	경험이 적고 일에 서투른 사람
엎어지면 코 닿을 데	어차피 실현할 수 없는 것은 포기하는 게 편하다.
하룻강아지 범 무서운 줄 모른다	장래 발전을 위해 경험을 많이 쌓는 것이 중요하다.
오르지 못할 나무는 쳐다보지도 마라	아주 가까운 거리
콩 심은 데 콩 나고 팥 심은 데 팥 난다	시기를 놓치거나 미리 준비하지 않아 쓸데없이 많은 힘을 들인다.
호미로 막을 것을 가래로 막는다	모든 일은 근본에 따라 그것에 걸맞은 결과가 있다.

쉬어가는 속담 테스트 정답

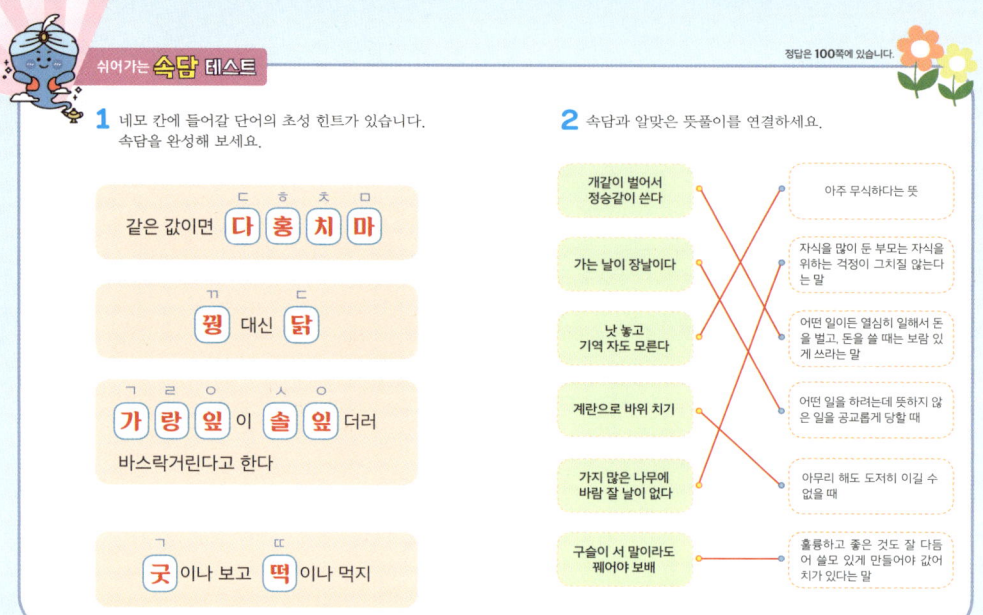

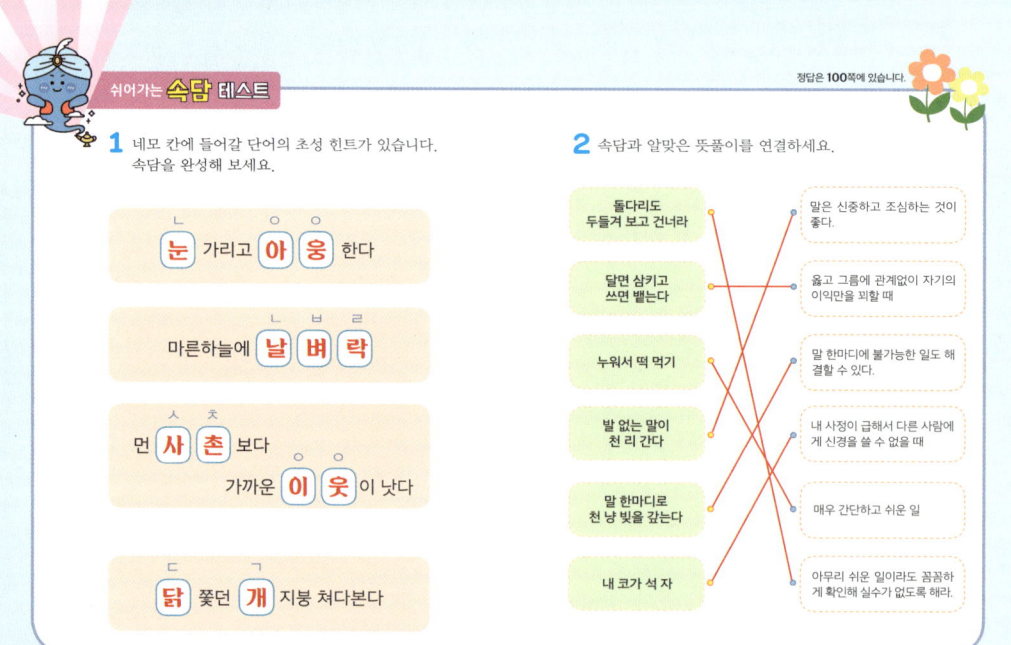

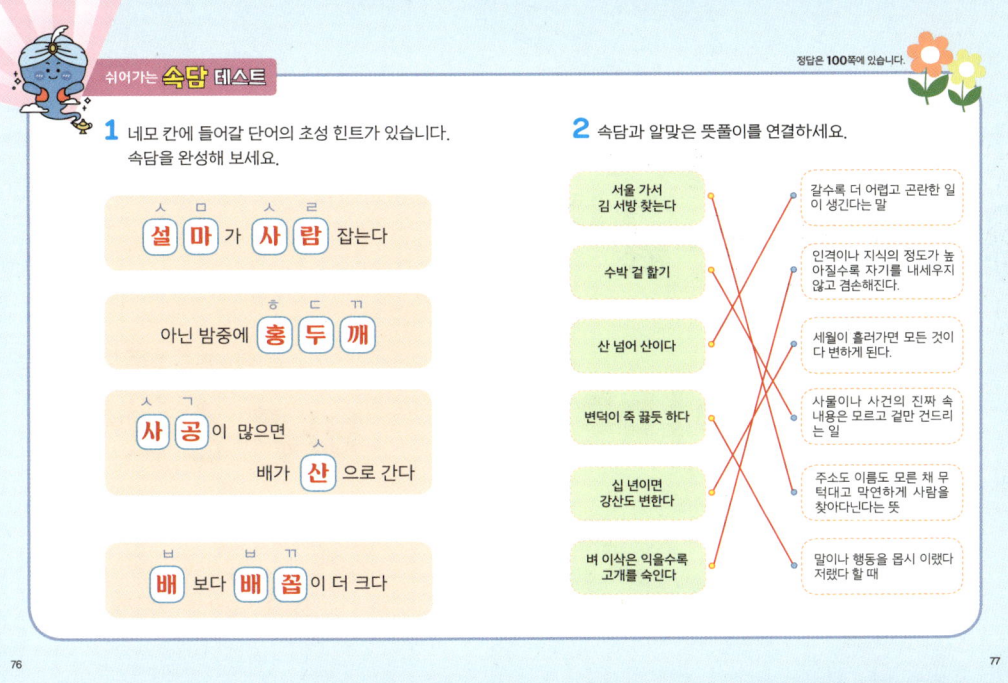

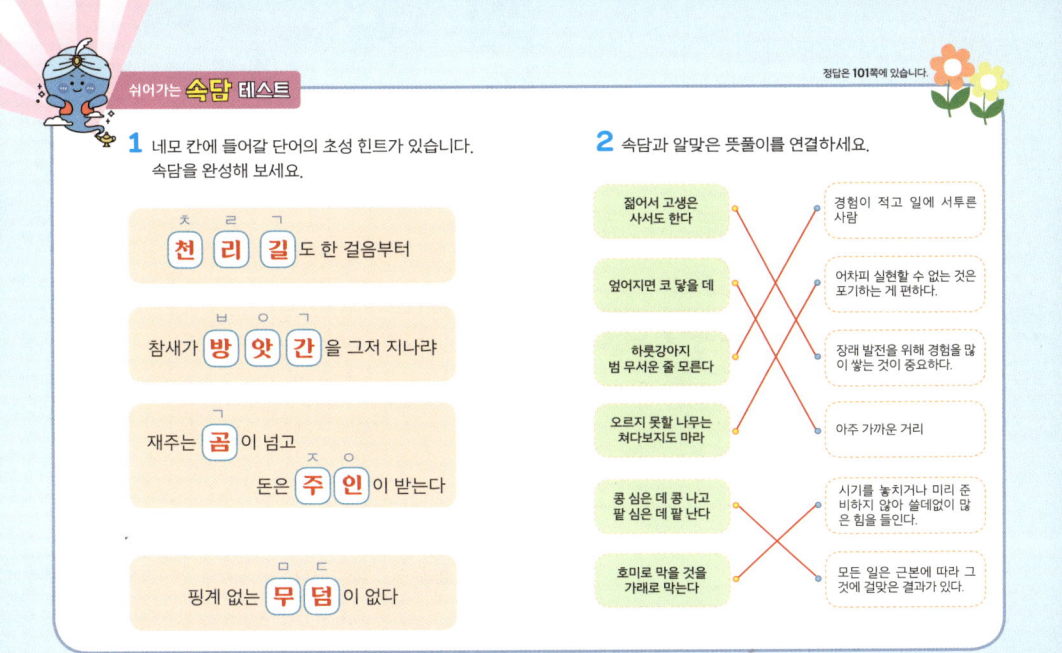

**초등학교 교과서 등에 실린
아름다운 우리말로 쓴 동시**

권태웅, 김소월, 방정환, 서덕출, 윤동주 님의
곱디고운 동시 55편을 따라 쓰다 보면
우리 친구들의 상상력과 어휘력이
훨씬 풍부해질 거예요.

바른 손글씨 동시 쓰기 55

큰그림 편집부 / 128쪽 / 8,500원

**초등학교 교과서 등에 실린
아름다운 우리말로 쓴 동시**

순수하고 맑은 어린이의 마음을 글로 표현한 동시
와 동요는 유쾌함과 재미 그리고 감동을 줍니다.
순수한 동심을 표현한 강소천, 박목월, 권정생,
최계락 외 16명의 동시와 동요 45편을 반듯한
글씨체로 따라 쓰기 연습할 수 있습니다.

바른 손글씨 동시 쓰기 45

큰그림 편집부 / 120쪽 / 8,500원

직업체험 페이퍼 크래프트

큰그림 편집부 지음 | 값 12,000원

1. 요리하는 1인 크리에이터
2. 빵 만드는 파티셰
3. 동물병원의 수의사
4. 미용실의 헤어디자이너
5. 카페의 바리스타
6. 재택근무 하는 프리랜서

직업체험 페이퍼 크래프트 2탄

큰그림 편집부 지음 | 값 12,800원

1. 경찰관 모자
2. 경찰서와 경찰차
3. 소방관과 소방차
4. 응급 구조사와 구급차
5. 항공 교통 관제사
6. 항공기 조종사와 승무원
7. 공항 보안 검색원
8. 항공 정비사

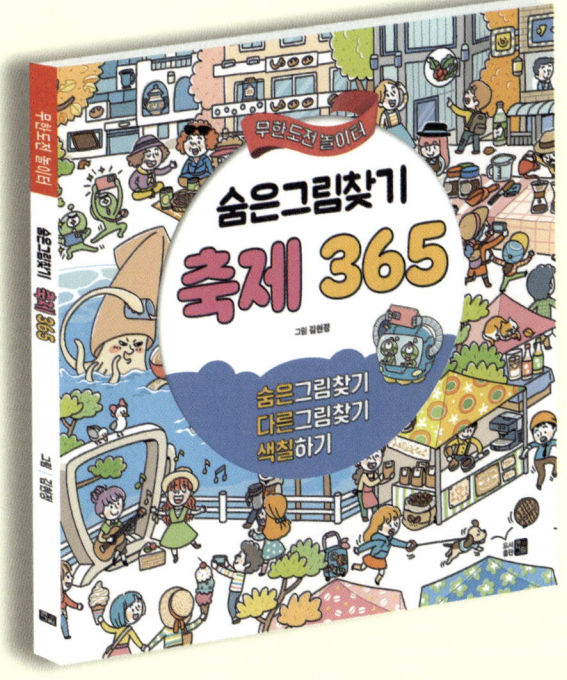

숨은그림찾기 + 다른그림찾기 + 색칠하기

생동감 넘치는 그림 작가 김현정의 우리나라 축제 365 숨은그림찾기! 정월 대보름, 경주 벚꽃 축제, 화천 산천어 축제 등 **우리나라 축제**에는 숨은그림찾기가 있고, **세계 축제**에는 다른 그림 찾기가 있습니다.

숨은그림찾기 축제 365

김현정 그림 | 값 12,500원

속편한 편의점의
속담 이야기 ❷

초판 발행 · 2024년 1월 15일

지은이 큰그림 편집부
그 림 유선영
펴낸이 이강실
펴낸곳 도서출판 큰그림
등 록 제2018-000090호
주 소 서울시 마포구 양화로 133 서교타워 1703호
전 화 02-849-5069
팩 스 02-6004-5970
이메일 big_picture_41@naver.com

기 획 이강실
교정교열 김선미
디 자 인 예다움
인쇄와 제본 미래피앤피

가격 9,500원
ISBN 979-11-90976-26-8 (77710)

- 잘못된 책은 구입한 서점에서 바꿔 드립니다.
- 이 책의 저작권은 도서출판 큰그림에 있으므로 실린 글과 그림을 무단으로
  복사, 복제, 배포하는 것은 저작권자의 권리를 침해하는 것입니다.